Sean

Le c

Emmanuelle Figueras
Illustrations : Pierre-Emmanuel Dequest

Collection dirigée
par Sylvie Baussier

delachaux
et niestlé
jeunesse

sommaire

Une vie de chien

Le chien dans son milieu

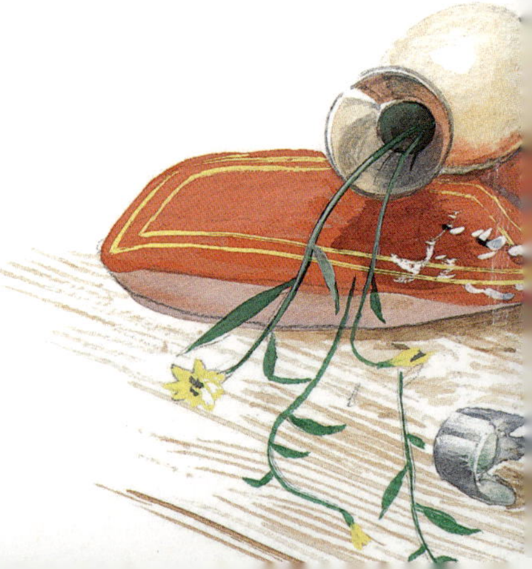

Le chien et l'homme

Il était une fois un chien

Une vie

Tous les chiens ne sont pas

comme on les imagine… Les plus connus sont les chiens domestiques, qui vivent avec leurs maîtres, mais il en existe d'autres ! Partout dans le monde, on trouve des chiens errants, qui ont été abandonnés ou qui se sont échappés de leur maison. En Australie et en Nouvelle-Guinée, il existe aussi des chiens retournés à l'état sauvage depuis plusieurs milliers d'années : les dingos et les chiens chanteurs fuient les hommes et vivent un peu comme des loups. On les appelle des chiens « marron ».

de chien

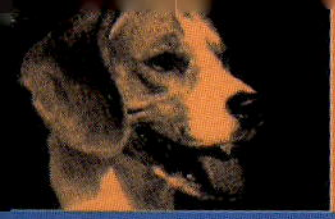

Un loup domestique ?

Un coyote.

Un chacal.

Le chien est un descendant du loup. Plus petit que son ancêtre, il se comporte aussi un peu comme un louveteau...

Histoires de famille

Comme le renard, le chacal, le coyote ou le loup, le chien est un canidé : c'est un mammifère carnivore avec un museau proéminent, 42 dents, un corps longiligne, une grande queue et des longues pattes avec des griffes non rétractiles – qu'il ne peut pas rentrer. Il existe plus de 30 espèces de canidés dans le monde. Toutes ont le même ancêtre, né il y a environ 30 millions d'années : l'hesperocyon. Cet animal primitif est le plus ancien représentant connu de la famille des chiens.

Le chien se comporte toute sa vie comme un louveteau. Même à l'âge adulte, il continue de jouer avec les autres chiens et avec son maître.

L'hesperocyon ressemblait presque autant à un chat qu'à un chien ! Contrairement à ses ancêtres, qui évoluaient dans les branches des arbres, il vivait au sol et chassait d'autres animaux pour se nourrir.

EN SAVOIR +

Mammifère
Animal dont la femelle allaite les petits.

Carnivore
Qui mange de la viande.

Du loup au chien

Quand le chien est-il apparu ? Les scientifiques pensent que des loups ont été domestiqués il y a plus de 10 000 ans : ils se sont transformés en chiens au fur et à mesure des croisements opérés par les hommes, qui ne gardaient que les animaux les plus dociles pour en faire des compagnons de chasse. Le premier « vrai » toutou du genre est le « chien des tourbières », dont des ossements ont été trouvés dans des tourbières d'Allemagne. Cet animal était plus petit qu'un loup, avec un museau plus court et des yeux plus ronds.

Reconstitution du « chien des tourbières ».

Un éternel chiot

Tête, dents, cerveau, squelette… Tout est souvent plus petit chez le chien que chez le loup. Le chien garde aussi toute sa vie des comportements qui existent chez les louveteaux, mais qui disparaissent chez les loups adultes. Il joue, jappe, aboie ou réclame sans cesse l'attention de ses maîtres, un peu comme s'il ne grandissait jamais au contact de l'homme ! Les scientifiques appellent ce phénomène la « pédomorphose ».

COMPLÈTEMENT DINGO !

Les dingos (photo ci-contre) vivent «en Australie depuis plus de 3 000 ans. Ils sont arrivés sur l'île avec les hommes, qui les ont amenés comme chiens de compagnie. Certains de ces animaux ont fugué, d'autres ont été abandonnés par leurs maîtres. Petit à petit, ils sont redevenus sauvages… Le dingo ressemble aujourd'hui à un chien qui se comporte comme un loup ! Il chasse, vit au sein d'une meute dirigée par un couple dominant et fuit le contact des hommes.

Tous les chiens ne courent pas à la même allure : les lévriers sont les plus rapides…

Du chihuahua au dogue allemand, tous les chiens ont des caractéristiques communes, qu'ils ont héritées du loup.

Un physique d'athlète

Le chien possède un squelette, une musculature et des articulations conçus pour la course et l'endurance. Son large thorax est pourvu d'une bonne capacité respiratoire, ce qui lui permet de courir longtemps sans s'essouffler. Il a aussi des pattes de sportif et une excellente détente. Comme le cheval, il peut avancer au pas, au trot ou au galop. Le chien marche en ne posant que ses doigts au sol : on dit qu'il est « digitigrade ».

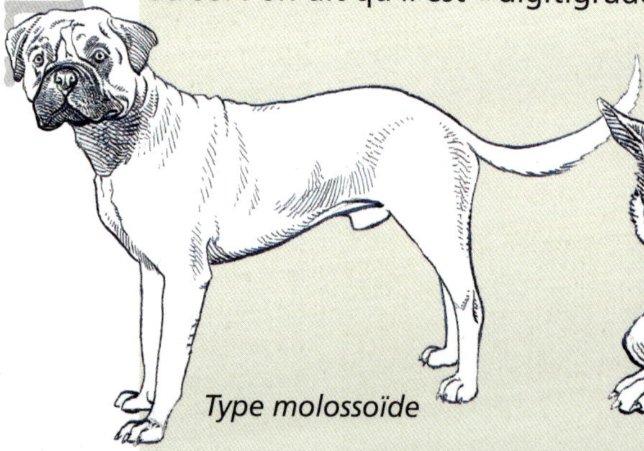

Type molossoïde

Type lupoïde

QUI EST QUI ?

**Au cours de l'évolution, les loups ont engendré 4 types de chiens qui existent toujours aujourd'hui.
Du chihuahua au dogue allemand, toutes les races peuvent se ranger dans l'une de ces catégories : tout dépend de la forme de la tête !
Les « molossoïdes » ont le museau court et la tête plutôt ronde (boxers…).
Les « lupoïdes » ont la tête triangulaire et les oreilles droites (bergers allemands…).
Les « bracoïdes » ont un museau long et carré, avec des oreilles tombantes (braques…).
Quant aux « graioïdes », ils ont la tête longue et le corps fin (lévriers…).**

Les chiens sont très différents d'une race à l'autre : un saint-bernard pèse 140 fois plus lourd qu'un chihuahua, tandis qu'un dogue allemand est 10 fois plus haut qu'un yorkshire !

Une mâchoire d'acier

Comme le loup, le chien est un carnivore. Sa mâchoire est puissante et ses dents adaptées à son alimentation : les incisives coupent la viande, les canines et les prémolaires la déchirent, tandis que les molaires la broient. Mais ses dents les plus puissantes sont les carnassières, qui agissent comme un véritable sécateur !

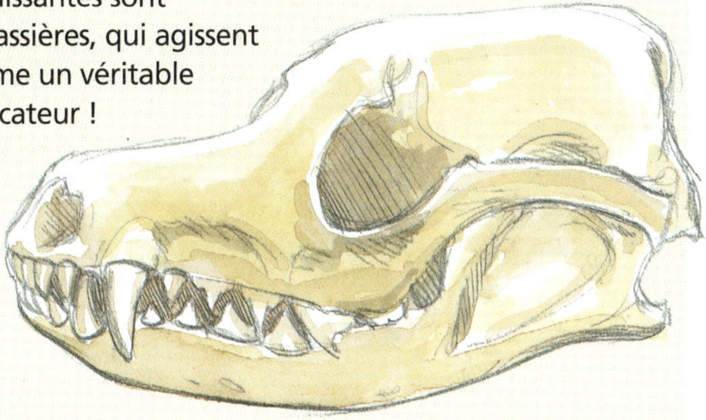

La pression de la mâchoire d'un chien de taille moyenne (80 kg/cm^2) est inférieure à celle du loup (150 kg/cm^2). Mais elle est plus élevée que chez l'homme (moins de 60 kg/cm^2).

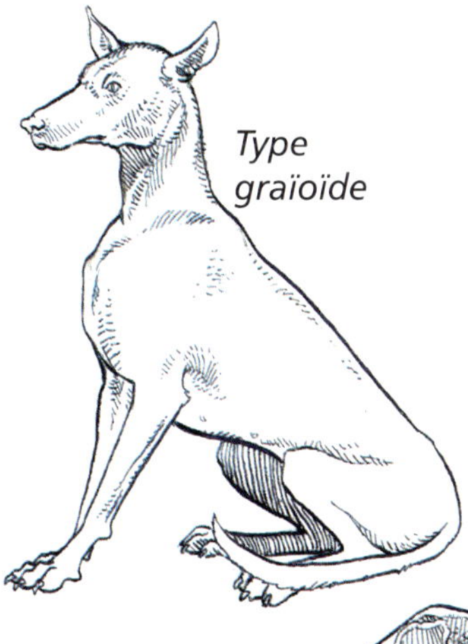

Type graïoïde

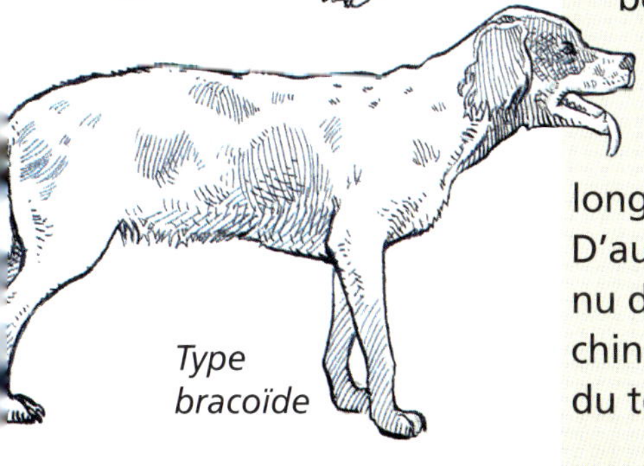

Type bracoïde

Avec ou sans poils?

La plupart des chiens ont un pelage qui les protège du froid et de la pluie, mais, suivant les races, ces poils n'ont ni la même couleur ni la même forme. Certains chiens possèdent un pelage bouclé (puli, bedlington terrier…), d'autres ont le poil ras (doberman, boxer…), court (labrador…) ou long (pékinois, yorkshire…). D'autres encore (chien nu du Mexique, chien chinois…) n'en ont pas du tout.

Sous les poils, il y a un puli, ancien chien de berger d'origine hongroise.

Un chasseur-né

Comme le loup, le chien est un prédateur. Sa vision du monde est le résultat d'une parfaite adaptation à la chasse.

Un « nez » de détective

Quelques poils de lièvre accrochés à une ronce, une plume de perdrix, une goutte de sang sous un buisson… rien n'échappe à la truffe d'un chien ! L'odorat est son sens le plus développé. Il possède plus de 200 millions de cellules olfactives, contre à peine 5 à 7 millions chez l'homme – ce qui signifie qu'un chien sent des odeurs dont nous ne soupçonnons même pas l'existence.

UN SIXIÈME SENS ?

Les chiens ont parfois des comportements que nous ne savons pas expliquer. Comment retrouvent-ils leur chemin à des kilomètres de chez eux ? Pourquoi sentent-ils l'orage et les tremblements de terre avant qu'ils se produisent ? Les scientifiques n'ont pas encore apporté de réponses à ces questions.

Une vue superlarge

Comparé à l'homme, le chien voit flou. Il perçoit bien le vert et le bleu, mais il distingue mal le jaune et le rouge. Il repère aussi mieux les mouvements que nous, et son champ de vision est plus large que le nôtre. Tous les chiens n'ont cependant pas la même vue. Les gardiens de troupeaux (bergers, bouviers…) ont les yeux légèrement sur le côté avec un champ de vision très large pour mieux surveiller les bêtes. Les chiens de chasse, eux (braques, terriers…), ont les yeux plus rapprochés pour suivre une proie loin devant eux.

Le chien voit mieux que l'homme dans l'obscurité. Et son champ de vision est de 250° contre 160° chez l'homme.

Prédateur
Animal qui chasse d'autres espèces et s'en nourrit.

Ultrason
Vibration que l'homme est incapable d'entendre.

Le chien a l'oreille si fine qu'il sait quand son maître rentre du travail grâce au bruit du moteur de sa voiture : il peut faire la différence entre celle-ci et les autres, même si les modèles sont identiques !

Le sens du toucher est aussi très développé chez le chien. C'est l'une des raisons pour lesquelles il apprécie autant les caresses.

Des oreilles extra-fines

Pour débusquer un lapin ou une perdrix cachée dans les herbes, le chien se sert également de ses oreilles. Il est équipé pour entendre des sons que l'homme est incapable de détecter. Comme le chat ou la chauve-souris, il perçoit des ultrasons. Les pavillons de ses oreilles fonctionnent aussi comme des amplificateurs : en les bougeant, un chien peut savoir d'où vient un son en à peine quelques millièmes de seconde !

Amours canines

Sauvages ou domestiques, les chiens ne font pas leurs petits au même endroit ni au même moment...

Rencontres sauvages

Les chiennes domestiques sont en chaleur deux ou trois fois dans l'année. Les chiennes sauvages, elles, ne font qu'une portée par an, pour que leurs petits naissent au printemps, quand les conditions sont plus douces. Pendant cette période, les urines de la femelle contiennent une sorte de signal qui avertit les mâles qu'elle est prête à se reproduire. Mais les prétendants doivent souvent faire plusieurs tentatives avant que la chienne accepte de s'accoupler.

Une chienne qui refuse de s'accoupler peut devenir très agressive envers le mâle. Quand elle est consentante, elle déplace sa queue sur le côté pour lui montrer qu'elle est d'accord.

Quand une femelle est en chaleur, les mâles se battent pour savoir lequel d'entre eux pourra s'accoupler. Comme chez le loup, seul le plus fort est autorisé à faire des petits !

Mariages arrangés

Les chiens domestiques font rarement des petits sans l'accord de leurs maîtres, qui ne veulent pas avoir trop de chiots à la maison. Mâles et femelles sont souvent castrés ou stérilisés, ce qui les empêche de se reproduire. Sinon, on les laisse parfois s'accoupler avec des partenaires que l'on a choisis pour eux à l'avance. De nombreux éleveurs ou propriétaires de chiens de race sélectionnent le mâle ou la femelle qui leur convient le mieux. Les saillies sont alors programmées et surveillées.

Les petits chiens (yorkshire, chihuahua...) grandissent plus vite que les grands chiens (dogues, dobermans...). Ils font souvent leurs premiers petits dès 6 mois, alors que les autres ne se reproduisent qu'à partir de 1 an.

1, 2, 3... 24 chiots !

Environ 60 jours après l'accouplement, la chienne s'isole pour la mise bas. Elle met au monde une portée de 4 à 7 chiots. Mais leur nombre dépend de la race. Le record est détenu par une chienne domestique : une femelle mastiff qui a eu... 24 chiots en une fois ! Après chaque naissance, la chienne libère le petit en coupant avec ses dents la poche qui l'entoure. Puis elle lèche le chiot pour le laver et le réchauffer, et le guide vers l'une de ses mamelles.

À l'état sauvage, les chiennes font leurs petits dans un terrier et mangent le placenta pour éliminer toutes les odeurs qui pourraient attirer un prédateur.

EN SAVOIR +

En chaleur
Période de courte durée pendant laquelle la femelle a « ses chaleurs » : elle est prête à s'accoupler.

Saillie
Accouplement.

Mise bas
« Accouchement » chez les animaux.

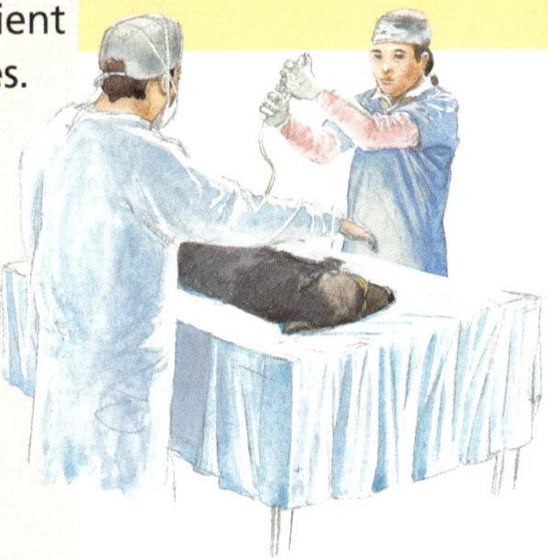

DES SPERMATOZOÏDES AU CONGÉLATEUR

Comment faire se reproduire deux chiens qui refusent de s'accoupler ou qui vivent loin l'un de l'autre ? Les éleveurs ont trouvé la solution grâce à l'insémination artificielle : ce procédé consiste à récupérer le sperme d'un chien, puis à le congeler dans des tubes en doses que l'on appelle des « paillettes ». Quand la chienne est en chaleur, le vétérinaire introduit cette semence dans son utérus.

Du chiot au chien

Suivant leur mode de vie, les chiots ne grandissent pas tous au même rythme. Mais ils passent par les mêmes stades de développement.

À gauche : pendant les premiers jours de sa vie, le chiot est incapable de faire ses besoins tout seul : sa mère le lèche pour stimuler ses fonctions intestinales.

Premiers jours

À la naissance, tous les chiots sont sourds et aveugles. Ils ne savent ni marcher ni réguler la température de leur corps ; ils vivent roulés en boule contre leur mère et leurs frères et sœurs pour se réchauffer. Ils passent leur temps à dormir ou à téter. On appelle cette période la « phase somnolente ». À 2 semaines, ils ouvrent les yeux. C'est le début d'une grande aventure : les chiots découvrent le monde qui les entoure... Ils sont capables de ramper et de gémir pour appeler leur mère dès qu'elle s'éloigne pour se nourrir.

Comme la louve, la chienne recrache de la nourriture prémâchée à ses petits pour les habituer progressivement à manger de la viande.

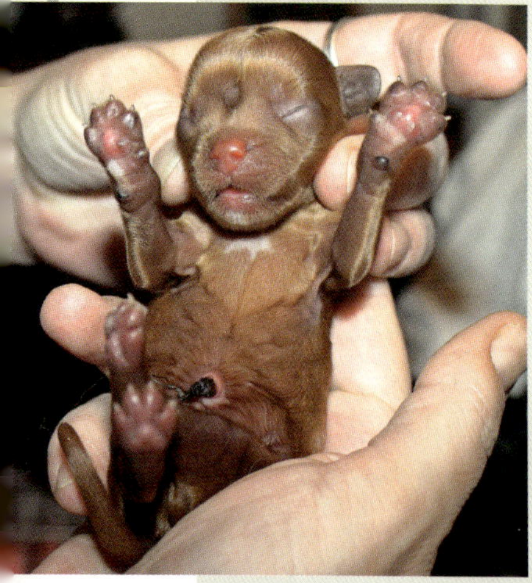

À la naissance, la température corporelle d'un chiot est inférieure à 37°C, contre environ 38,5°C chez l'adulte. Il a besoin de sa mère et de ses frères et sœurs pour se réchauffer.

Les chiots tètent leur mère jusqu'à l'âge de 7 à 10 semaines. Ensuite, ils sont sevrés et capables de se nourrir seuls.

Bientôt grands

Dès l'âge de 3 semaines, les chiots commencent à jouer entre eux. Tout est bon pour s'amuser ! Bousculades, pirouettes, courses poursuites… les jeunes chiens ont l'air tout fous. Ils jouent pendant des heures pour tester leurs forces, développer leurs muscles ou apprendre à contrôler leur morsure. Pour bien grandir, ils dorment aussi beaucoup. Leur temps de sommeil est d'environ 16 à 18 heures par jour, contre seulement 10 à 14 heures pour un chien adulte en bonne santé !

COMMENT ÇA SE PASSE DANS LA NATURE ?

Dans une meute de chiens sauvages, les chiennes s'isolent pour la mise bas. Les chiots restent avec leur mère jusqu'à l'âge de 16 à 18 semaines. Dès qu'ils sont assez grands pour se débrouiller seuls, celle-ci les rejette en grognant. Chacun doit alors se faire une place dans la meute : le plus fort aura un accès prioritaire à la nourriture, aux femelles et aux zones de repos.

Câlin ou pas ?

C'est en général après le sevrage, de 7 à 10 semaines après la mise bas, que les chiots domestiques sont séparés de leur mère pour vivre avec l'homme : ils s'habituent à sa présence et deviennent des chiens familiers. Si, au contraire, ils n'ont eu aucun contact avec les humains à l'âge de 6 à 12 semaines, les chiots ne seront jamais familiers à l'âge adulte. Ils ne se laisseront ni caresser ni approcher facilement ; impossible de leur faire des câlins !

Paroles de chien

Malgré leurs différences, tous les chiens se comprennent entre eux. Ils communiquent par des sons, des odeurs ou des grimaces.

Grrrr... Wouf !

Le chien aboie, mais il peut aussi grogner, couiner, gémir, japper, grincer des dents, haleter ou hurler. En l'étudiant, les scientifiques ont découvert un « langage » très élaboré, constitué de sons plus variés qu'on ne l'imaginait. Un chien n'aboie pas de la même façon s'il veut jouer, appeler sa mère, impressionner un rival ou marquer son territoire. Les chiens sauvages, eux, ricanent, grognent, gémissent... mais n'aboient jamais !

Qui va là ?

Deux chiens qui se rencontrent se reniflent toujours pour savoir à qui ils ont affaire. Ils se sentent les oreilles, la gueule ou la base de la queue. Ces parties de leur corps contiennent des petites glandes invisibles à l'œil nu qui produisent des phéromones : ces substances chimiques dégagent des odeurs qui renseignent sur la personnalité de leur propriétaire. Quand un chien a peur, qu'il est excité ou qu'il est sûr de lui, l'autre le sait en lui reniflant le derrière !

Quoi, ma gueule ?

Contrairement à d'autres animaux peu expressifs, comme les dauphins ou les serpents, le chien a des muscles faciaux très développés : il peut bouger son front, ses oreilles, ses yeux, sa truffe ou ses babines. Il peut le faire involontairement, sous l'effet de la colère ou de la peur, ou volontairement, pour transmettre un message. En combinant les positions de ses oreilles, de ses babines et de ses yeux, il dispose d'un large répertoire de mimiques qui expriment la peur, l'agressivité ou la sympathie.

Langage codé

Face à l'homme ou à d'autres animaux, le chien utilise des attitudes qu'il a apprises tout petit en observant le comportement des adultes de son espèce. Couché sur le dos, la queue ramenée sur le ventre, il adopte une posture de soumission. Si, au contraire, il se raidit en hérissant le poil ou qu'il chevauche un autre chien, il montre qu'il est le plus fort.

« C'est moi le chef ! ». Voilà ce que tente de dire le chien qui chevauche la jambe de son maître.

La mort du chien

La durée de vie d'un chien n'est pas la même suivant sa race et ses conditions d'existence. Elle varie de 1 à 20 ans !

En France, il existe des cimetières réservés aux chiens.

De plus en plus vieux !

La longévité des chiens domestiques a beaucoup augmenté grâce aux progrès vétérinaires. Ils vivent entre 10 et 20 ans suivant les races. De quoi meurent-ils ? De maladies contagieuses (maladie de Carré, parvovirose…) ou liées au vieillissement des organes (diabète, insuffisance rénale…). Mais les vieux chiens souffrent rarement. Leurs maîtres ont souvent recours à l'euthanasie quand la maladie est très douloureuse et impossible à soigner.

La majorité des chiens domestiques sont en bonne santé parce qu'ils sont vaccinés contre les maladies les plus graves.

CACHÉS POUR MOURIR

Comme de très nombreux animaux, les chiens sauvages et les chiens errants se cachent pour mourir. Affaiblis, ils sont incapables de se protéger autrement qu'en s'isolant. C'est la raison pour laquelle ils se mettent à l'abri du danger.

Des chiennes tueuses ?

La vie et la mort des chiens sauvages sont très différentes de celles des chiens domestiques. Dans la nature, au moins 1 chiot sur 2 meurt avant l'âge de 1 an. Beaucoup sont la cible des prédateurs, qui profitent de leur manque d'expérience pour les attaquer. Chez les dingos, de nombreux chiots sont aussi tués... par la femelle dominante de la meute ! Bizarre ? D'après les scientifiques, celle-ci peut s'en prendre aux petits des autres femelles pour les manger en cas de famine. Elle peut aussi les tuer pour obliger les autres chiennes à s'occuper de ses chiots à la place des leurs.

Accidents en tous genres

Les chiens sauvages et les chiens errants vivent rarement plus de 5 ans. En ville comme à la campagne, beaucoup se font écraser sur les routes. Les chiens meurent aussi d'empoisonnement après avoir avalé des produits toxiques destinés à d'autres animaux (rats, renards...).

EN SAVOIR +

Longévité
Durée de vie.

Maladie de Carré
Maladie virale souvent mortelle chez les chiots.

Parvovirose
Sorte de gastro-entérite, parfois mortelle chez les jeunes animaux.

Euthanasie
Procédé qui consiste à tuer un être vivant sans le faire souffrir en lui injectant un produit mortel.

Drôle de bête !

Le chien a parfois de drôles de comportements. Mais ses attitudes ont toujours une explication !

Verrouillage automatique !

Après l'accouplement, les chiens restent toujours collés l'un à l'autre. Ils se tiennent dos à dos, sans bouger, pendant une demi-heure… Les glandes situées à la base du pénis du mâle ont tellement gonflé qu'elles restent coincées dans le corps de la femelle tant qu'elles n'ont pas retrouvé leur taille normale ! On appelle ce phénomène le « nouage » ou le « verrouillage ».

Faux pipi…

Tous les chiens urinent pour de vrai, mais aussi « pour de faux » ! En levant la patte contre un tronc d'arbre ou un réverbère, ils projettent quelques gouttes d'urine qui servent avant tout à signaler aux autres chiens qu'ils sont passés par là.

Goûts bizarres

Pourquoi le chien aime-t-il à ce point se rouler dans la terre ? Pour se parfumer, répondent les spécialistes, et probablement pour mieux se dissimuler au nez de ses proies. Crotte, charogne, champignons, urine… certains éléments naturels dégagent des odeurs apparemment parfaites pour camoufler les phéromones canines. Pratique, non ?

Comme le loup

Le chien a hérité certains comportements du loup. Il a gardé, par exemple, cette drôle de façon de tourner en rond avant de se coucher… Comme son ancêtre, il cherche en fait à vérifier qu'il n'y a aucun prédateur dans les environs avant de s'abandonner au sommeil.

De l'air !

Le chien transpire seulement au niveau des coussinets qu'il a sous les pattes, ce qui ne suffit pas à réguler sa température. Quand il a trop chaud, il tire la langue : chaque goutte de salive qui s'évapore puise de la chaleur dans la langue… qui se refroidit, et rafraîchit en même temps le sang qui y circule.

Un chien qui a trop chaud tire la langue pour se rafraîchir.

Carte de visite

Si le chien gratte furieusement la terre avec ses pattes avant puis arrière, c'est parce qu'il y a des petites glandes en dessous. Celles-ci lui permettent d'incruster son odeur dans le sol pour laisser sa « carte de visite » aux autres chiens de passage.

Chaque fois qu'il creuse la terre, le chien en profite pour déposer ses odeurs.

Le chien

Les chiens domestiques vivent

avec leurs maîtres. Ce sont des compagnons appréciés par les hommes : ils sont nourris et dorlotés. Mais les chiens errants et les chiens sauvages, eux, ne sont pas du tout considérés de la même façon ! Vivant en liberté, ils sont souvent détestés par les éleveurs et les naturalistes, parce qu'ils attaquent les troupeaux de moutons ou les espèces protégées.

dans son milieu

Le chien et ses proies

Grand bandicoot.

Les chiens sont avant tout des carnivores. Ils poursuivent leurs proies pour les manger, mais parfois aussi par jeu.

L'irruption d'un chien dans un troupeau de moutons provoque toujours une telle panique que les brebis avortent parfois sous l'effet de la frayeur, tandis que d'autres se précipitent dans le vide.

Tueurs de moutons

Plus encore que les loups, les chiens errants ou divagants sont les ennemis du mouton ! Ils sèment la panique dans les troupeaux et tuent des bêtes en les égorgeant. Contrairement à leurs ancêtres, les chiens capturent leurs proies seuls ou à deux, jamais en meute. Ils comptent sur l'effet de surprise pour attraper leurs victimes sans avoir besoin de les poursuivre trop longtemps. En France, on pense que de 100 000 à 500 000 moutons seraient tués de cette façon chaque année !

Les dégâts du dingo

En Australie, les dingos attaquent beaucoup de moutons. Les fermiers ont d'ailleurs pris l'habitude de construire d'immenses barrières pour protéger leurs troupeaux. Mais les dingos chassent aussi de nombreux animaux sauvages. Par souci d'efficacité, ils pourchassent surtout des proies plus petites qu'eux, comme les lapins, les bandicoots ou les wallabies. Certains de ces animaux (grand bandicoot, wallaby à queue courte…) sont d'ailleurs aujourd'hui en voie de disparition, en grande partie à cause des dingos.

EN SAVOIR +

Divagant
Adjectif désignant les chiens domestiques qui gambadent en liberté en l'absence de leur maître.

Diable de Tasmanie.

Panique aux Galápagos !

Jusqu'au XVIIIe siècle, il n'y avait aucun chien dans les îles Galápagos. Ils sont arrivés avec les premiers baleiniers, qui les ont amenés avec eux en même temps que les chèvres, les cochons et les chats. Depuis, les chiens errants se sont multipliés dans les îles. Ils s'attaquent aux iguanes terrestres ou aux tortues géantes, dont les populations sont en pleine régression.

L'iguane terrestre est un grand lézard qui ne vit que dans les îles Galápagos.

TOUJOURS EN CHASSE !

Agneau, poulain, veau, poule, canard, mouton, chat… Tout ce qui court peut réveiller l'instinct de chasseur du chien domestique. Cette règle touche toutes les races, du pékinois au dogue allemand ! Même s'il n'a pas faim, un chien peut poursuivre et/ou égorger les animaux du voisinage s'il n'a pas été habitué à vivre en leur compagnie.

Il arrive que des chiens qui vivent en liberté côtoient d'autres animaux : leur rencontre est parfois mouvementée !

Un carnivore de trop !

Quand deux prédateurs chassent les mêmes proies sur un même territoire, l'un des deux est parfois condamné à disparaître. L'arrivée des dingos en Australie a par exemple contribué à la disparition du loup de Tasmanie, il y a près de 12 000 ans. Déjà chassé par l'homme parce qu'il s'attaquait au bétail, cet animal n'a pas résisté à cette nouvelle menace. Les quelques loups de Tasmanie qui échappaient aux poursuites devaient partager leurs proies avec les dingos. Ils ont fini par disparaître peu à peu.

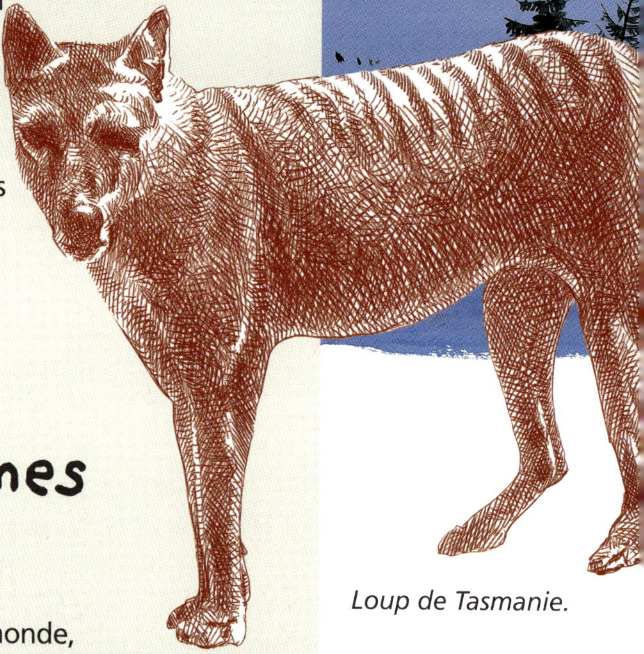

Loup de Tasmanie.

Des lions victimes des chiens ?

Partout dans le monde, des mammifères carnivores peuvent être contaminés par des chiens malades, en mangeant leur chair ou en consommant une proie déjà entamée par un chien. Les scientifiques ont découvert plusieurs exemples de ce type au XXe siècle. Au Kenya et en Tanzanie, plusieurs épidémies graves (rage, maladie de Carré…) auraient ainsi tué des milliers de lions. Aux États-Unis, un chien domestique aurait même transmis le virus de la parvovirose canine à des loups, qui auraient attrapée cette maladie en reniflant les crottes du chien !

EN SAVOIR +

Pollution génétique
Quand un animal d'une espèce s'accouple avec un autre d'une espèce différente, leurs petits sont des hybrides. En se reproduisant entre eux, ces hybrides peuvent finir par former une nouvelle espèce.

Entre chiens et loups

Du chien et du loup, le plus menacé n'est pas toujours celui que l'on croit… Les chiens errants et divagants représentent un danger pour de nombreux loups dans le monde.
Ils peuvent leur faire concurrence en s'attaquant aux mêmes proies. Les chiens participent également à la disparition progressive des loups par l'hybridation : en s'accouplant avec d'autres canidés (loups, coyotes…), les chiens contribuent à faire disparaître très lentement d'autres espèces par pollution génétique.

RAPPORT DE FORCES

Devant une carcasse trouvée dans la nature, un chien, même affamé, ne tient pas tête à beaucoup d'autres mammifères carnivores. S'il peut rivaliser avec un blaireau ou un renard, il s'enfuit à l'approche d'un ours ou d'une meute de loups. Face à plus fort que lui, il ne cherche jamais l'affrontement.

Qui veut la peau des chiens ?

Qui s'attaque aux chiens ? Certains parasites sont minuscules, voire invisibles à l'œil nu. Mais ils peuvent être très dangereux...

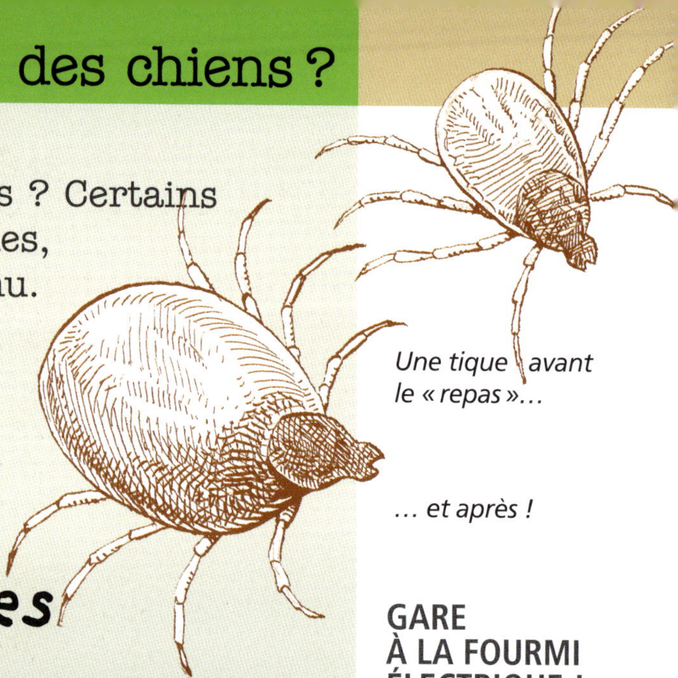

Une tique avant le « repas »...

... et après !

Vampires en tous genres

Poux, tiques, aoûtats... Les chiens peuvent être attaqués par toutes sortes de parasites hématophages.
Ces minuscules bêtes vivent dans l'herbe ou en forêt. Elles peuvent attendre très longtemps avant de se fixer sur la peau des animaux, qu'elles repèrent à la chaleur de leur corps... La plupart des parasites ne sont pas dangereux : ils quittent le corps de leur hôte quand ils ont pompé assez de sang. D'autres, en revanche, comme les tiques, peuvent transmettre des maladies graves, comme l'ehrlichiose.

GARE À LA FOURMI ÉLECTRIQUE !

La fourmi électrique doit son nom à la piqûre venimeuse et très douloureuse qu'elle inflige à ses victimes. Elle est considérée comme l'un des 100 envahisseurs les pires du monde à cause de son venin très dangereux. Cet insecte ne s'attaque pas aux mammifères qui ne le dérangent pas, mais dès qu'il se sent menacé, par exemple si un animal piétine sa colonie, il riposte en injectant son venin. En Nouvelle-Calédonie, de nombreux chiens errants sont devenus aveugles à cause de ces fourmis !

Une armée invisible

Certains animaux s'infiltrent directement dans le corps de leur victime. C'est le cas des vers, qui vivent dans les organes des chiens. Ils se nourrissent de sang qu'ils pompent dans l'intestin ou à travers la paroi du côlon. S'ils sont trop nombreux, les vers peuvent affaiblir l'animal ou provoquer des maladies graves (anémie, retard de croissance chez le chiot, amaigrissement, vomissements, diarrhées…).

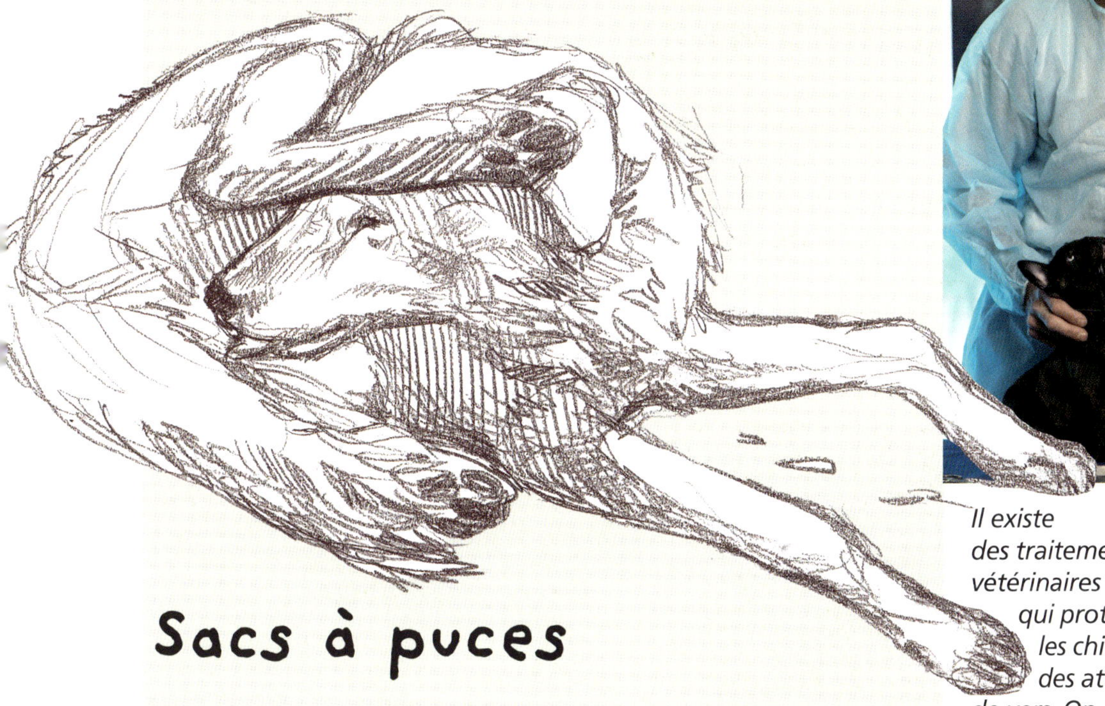

EN SAVOIR +

Parasite
Être vivant (plante, animal) qui vit aux dépens d'un autre.

Hématophage
Qui se nourrit exclusivement de sang.

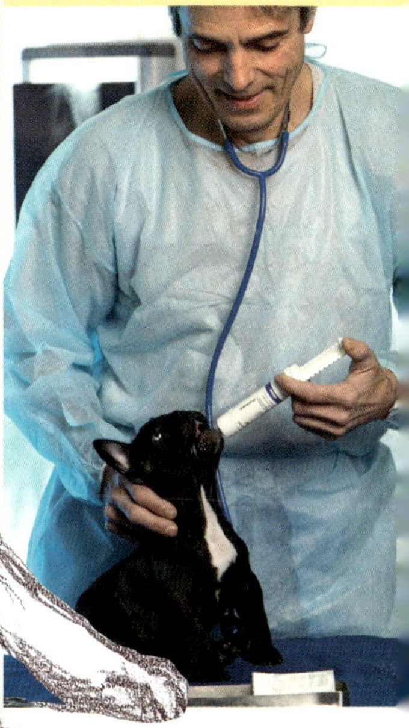

Il existe des traitements vétérinaires qui protègent les chiots des attaques de vers. On les appelle « vermifuges ».

Sacs à puces

Les chiens sont régulièrement attaqués par des puces, qui s'installent dans leur pelage et se nourrissent de leur sang. Leurs piqûres provoquent des démangeaisons et parfois de l'eczéma. Les puces peuvent également transmettre le ver solitaire aux chiens, s'ils les avalent en se léchant.

Une puce peut vivre 40 jours sans manger, mais si l'occasion se présente, elle saute sur un hôte pour lui pomper du sang : alors qu'elle ne mesure que 3 mm de long, elle peut faire des bonds de 20 cm de haut et de 40 cm de long !

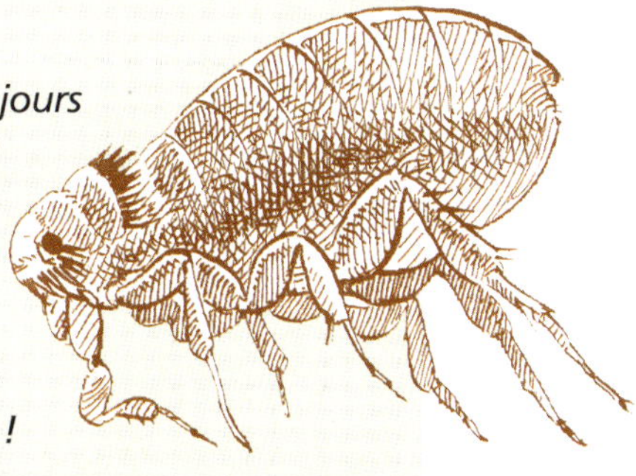

Bons voisins

Dans certaines villes d'Inde, il n'est pas rare de voir des singes épouiller un chien.

Les chiens entretiennent parfois de bons rapports avec des animaux très différents d'eux... Certains sont surprenants !

Copain des singes

Dans plusieurs villes d'Inde, les chiens errants cohabitent de façon pacifique avec des macaques. Comme les rats, les vaches ou les cochons, ces animaux se nourrissent des déchets qui encombrent les rues. Les conflits sont rares ou inexistants. Les macaques sont plus agiles que les chiens et beaucoup trop vifs pour être poursuivis. Un problème ? Les singes montent sur les toits des maisons ou escaladent les poteaux électriques en un clin d'œil... ce que les chiens sont bien incapables de faire !

Comme chiens et chats ?

En ville ou à la campagne, les chiens domestiques ont parfois d'excellentes relations avec… des chats ! Contrairement à ce que l'on pourrait croire, ces 2 espèces peuvent très bien cohabiter, à condition d'avoir été élevées ensemble. Il est même assez fréquent de voir des chiens et des chats adultes dormir enlacés.

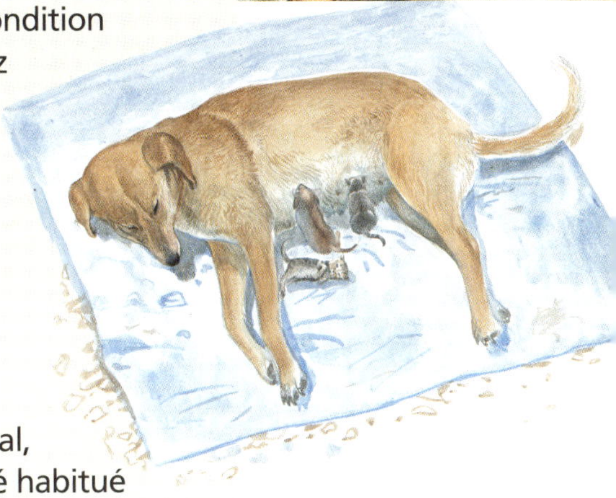

Paix à la ferme

À la campagne, les chiens domestiques vivent avec tous les animaux de la ferme. Poule, cheval, vache, cochon, chèvre, lapin… si un chien a été habitué très jeune à cohabiter avec ces espèces, il n'a aucune raison de les considérer comme des proies potentielles ! Il est parfaitement possible, en revanche, que ce chien-là s'attaque aux animaux de la ferme voisine. Il ne reconnaît pas tous les représentants d'une espèce, mais seulement certains individus, qu'il identifie à l'odeur.

VOUS AVEZ DIT BIZARRE ?
Une chienne qui vient de perdre ses chiots peut adopter toutes sortes d'animaux. On en a vu allaiter des chatons, mais aussi accepter la présence d'oisillons. Dans ces conditions, les chiennes se comportent parfois avec ces drôles de petits comme elles le feraient avec leurs propres chiots !

Les chiens sont-ils utiles ? En ville ou à la campagne, ils rendent parfois des services aux hommes et à la nature.

Chouette, une carcasse

Comme beaucoup de canidés, les chiens errants sont des opportunistes : ils mangent ce qu'ils trouvent le plus facilement ! Quand l'un d'entre eux découvre une carcasse de chevreuil ou de mouflon, il n'hésite pas à s'en nourrir. Sans le savoir, le chien joue un rôle sanitaire : comme les mouches, les renards ou les corbeaux, il participe à l'élimination des cadavres qui pourraient engendrer des épidémies s'ils n'étaient pas consommés par des charognards !

Les chiens errants n'ont pas tous les jours l'occasion de manger de la viande. S'ils trouvent une carcasse de mouflon, ils n'hésitent pas à la dévorer.

Éboueur en ville

Poubelles, tas d'ordures… nos déchets font des heureux ! Un peu partout dans le monde, les chiens domestiques et les chiens errants fouillent les décharges. Ils y trouvent toujours des restes de nourriture à lécher et à grignoter (os, fonds de sauce, épluchures…).
En Afrique, la majorité des chiens n'ont pas de croquettes et se nourrissent uniquement de cette façon.

Chasseur de rats

Les chiens domestiques peuvent se rendre très utiles en chassant les rats et les souris ! De nombreuses races ont même été sélectionnées par l'homme pour débarrasser les fermes, les granges et les écuries des rongeurs indésirables. S'ils sont trop nombreux, les rats peuvent causer beaucoup de dégâts (épidémies, destruction des installations électriques, consommation des réserves de nourriture…).

EN SAVOIR +

Charognard
Qui se nourrit d'animaux morts trouvés dans la nature.

Le schnauzer est un chien originaire d'Allemagne. Jusqu'au XIXe siècle, cette race était principalement utilisée pour tuer les rats dans les écuries.

DU LAPIN SOUS LA DENT

En Australie, il y aurait beaucoup trop de lapins… si les dingos n'existaient pas ! Le chien sauvage est en effet leur principal prédateur. Il s'attaque en priorité aux jeunes et aux adultes malades ou blessés : il joue ainsi un rôle de régulateur important.

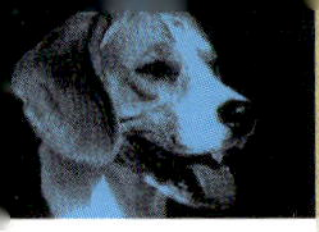

Le chien

L'association entre l'homme et le chien

date de plus de 12 000 ans. Domestiqué 2 000 ans avant la chèvre et plus de 8 000 ans avant le cheval ou la vache, le chien est non seulement devenu un compagnon fidèle de l'homme, mais aussi un précieux allié dans de nombreux domaines. Chien de garde, de chasse, de police, de traîneau, de sauvetage en mer, d'assistance aux handicapés, de course, de troupeau… aucun autre animal n'exerce aujourd'hui autant de fonctions que lui !

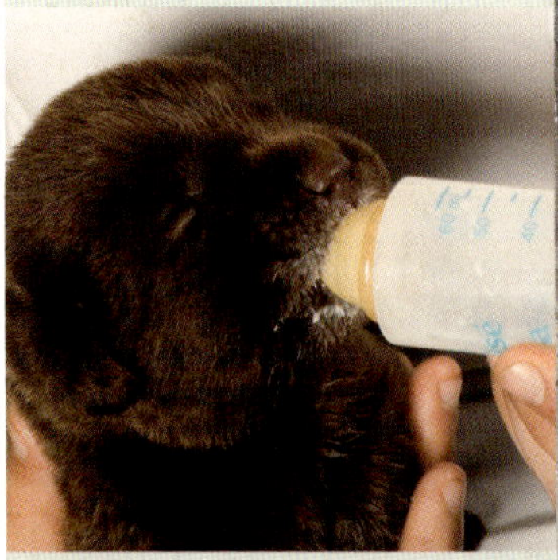

et l'homme

La domestication du chien

Comment les chiens ont-ils été domestiqués ? Les hommes ont certainement apprivoisé des loups au fil du temps...

Fatale rencontre !

Entre 40 000 et 15 000 ans avant Jésus-Christ, les hommes n'avaient encore domestiqué aucun animal. Ils vivaient en petits groupes, se nourrissaient de ce qu'ils chassaient et cueillaient dans la nature. Il est très probable que, à cette époque, des loups rôdaient autour des campements pour chaparder quelques restes de nourriture... La rencontre entre l'homme et la bête était alors inévitable.

Au Moyen-Orient, en Europe et en Amérique du Nord, des archéologues ont découvert des squelettes de canidés aux côtés d'ossements humains. Ces gisements datent de 12 000 à 10 000 ans avant notre ère.

POURQUOI ÇA MARCHE AUSSI BIEN ?

Si le chien et l'homme ont établi une complicité aussi forte, c'est parce qu'ils partagent un même territoire, qu'ils chassent les mêmes proies et qu'ils ont développé une vie sociale similaire, avec des rapports hiérarchiques.
Ils se ressemblent et se comprennent bien. Mais, surtout, chacun trouve un intérêt dans cette relation : alors que le chien monte la garde et trouve le gibier, l'homme lui offre un abri et de la nourriture.

Du loup au chien domestique

D'après les scientifiques, les hommes préhistoriques auraient accepté la présence des loups autour d'eux pour plusieurs raisons : ces canidés leur signalaient par leurs hurlements la présence d'ours ou de tigres. De plus, ils débarrassaient le campement des déchets (os, restes de repas...). On pense aussi que les hommes tuaient des loups adultes pour fabriquer des vêtements avec leur fourrure. Peu à peu, ils ont probablement apprivoisé des louveteaux en choisissant les plus doux pour en faire des gardiens et des compagnons de chasse.

Le chien des pharaons est un descendant des lévriers représentés sur les fresques de l'ancienne Égypte.

Les premières races de chiens

Il a fallu plusieurs milliers d'années avant que les descendants des loups apprivoisés évoluent pour donner naissance aux premiers chiens domestiques, plus dociles et plus petits, avec un museau plus court. Quand les hommes ont découvert l'élevage et l'agriculture, ils ont commencé à sélectionner des chiens sur de nouveaux critères, pour ne garder que les plus obéissants ou les meilleurs gardiens de troupeau. Les races les plus anciennes (dogue du Tibet, chien des pharaons...) sont apparues de 3 000 à 2 000 ans avant Jésus-Christ.

Au travail !

De nombreuses races de chiens ont été créées par l'homme pour travailler au grand air avec les bergers ou avec les chasseurs.

Dans un attelage, chaque chien a sa place ! Le plus puissant est installé devant le traîneau tandis que le plus obéissant – le chien de tête – dirige la meute.

Chiens de chasse

Dès le début de l'Antiquité, l'homme a créé des races de chiens différentes pour chaque type de chasse : il a sélectionné les individus les plus puissants pour traquer les lions ou les ours, les plus rapides pour suivre les antilopes, les plus petits pour se faufiler dans les galeries des blaireaux... Aujourd'hui, les terriers et les teckels sont spécialisés dans la capture des animaux vivant sous terre (lapins, blaireaux...). Rapides et endurants, le saint-hubert et le bleu de Gascogne poursuivent de grosses proies (sangliers, cerfs) pendant la chasse à courre. Les braques et les pointers débusquent le gibier à poils ou à plumes caché dans les buissons.

Chiens de ferme

Les chiens sont souvent très utiles à la campagne : ils gardent la ferme et protègent les moutons ou les vaches. Ce sont toujours des chiens résistants, capables de vivre et de dormir dehors. Ils chassent les animaux considérés comme nuisibles (rats, vipères...) et mangent les déchets. Dans certaines régions françaises d'élevage laitier, des chiens étaient autrefois dressés à marcher dans une roue pour actionner la baratte qui transformait la crème du lait en beurre !

Au Moyen Âge, le chien de protection le plus utilisé à la ferme était le mâtin. On le choisissait blanc, de préférence, pour ne pas le confondre avec un loup.

Il existe des chiens de berger et des bouviers : les premiers gardent les moutons et les seconds les vaches.

Chiens de traîneau

Dans le Grand Nord, les hommes ont habitué des chiens à tirer des traîneaux pour se déplacer sur la glace sans se fatiguer. Huskies, malamutes, samoyèdes… toutes ces races sont capables de supporter des températures allant de – 30 à – 50°C. Ces chiens sont assez proches du loup : comme lui, ils hurlent et vivent en meute au grand air !

TOUCHE PAS À MES MOUTONS !

Certaines races ont pour fonction de protéger les troupeaux de moutons contre les voleurs et les attaques de prédateurs (ours, loups, chiens errants). C'est le cas des chiens de berger (berger du Caucase, d'Anatolie…) et des chiens de montagne (montagne des Pyrénées, dogue du Tibet…). Élevés dans la grange avec les agneaux, ils apprennent très tôt à défendre les moutons en cas de danger.

Des chiens peuvent aussi être dressés à chercher les truffes – des champignons très rares qui poussent au pied de certains arbres. Ils les repèrent grâce à leur flair exceptionnel.

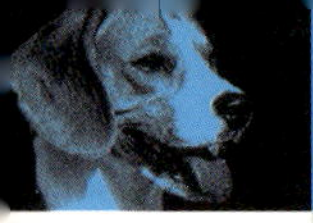

Chiens d'exception

Grâce à leur intelligence, les chiens exercent parfois des fonctions inattendues ou héroïques.

Barry est un saint-bernard célèbre en France. Au XIXe siècle, ce chien d'avalanche aurait sauvé plus de 40 personnes dans les Alpes !

Chiens policiers

La gendarmerie, la police et la douane utilisent des bergers allemands, des caniches ou des malinois pour des tâches très diverses. Dès l'âge de 6 à 18 mois, ces chiens apprennent à trouver des drogues, des explosifs ou des personnes ensevelies sous des décombres. Il existe aussi des brigades canines chez les pompiers, avec des chiens spécialisés dans le sauvetage en mer ou sur les plans d'eau : si quelqu'un se noie, un terre-neuve peut le sauver !

Chiens de course

Des courses de lévriers sont organisées dans des <u>cynodromes</u> un peu partout dans le monde : les chiens poursuivent un lièvre ou un leurre en forme de lapin installé sur un socle en mouvement. Le premier qui franchit la ligne d'arrivée a gagné. Les whippets sont les plus rapides. Ces chiens ultralégers sont de véritables machines de course. Ils pèsent moins de 10 kg et peuvent parcourir 15 m en 1 seconde sur une distance totale de 350 m !

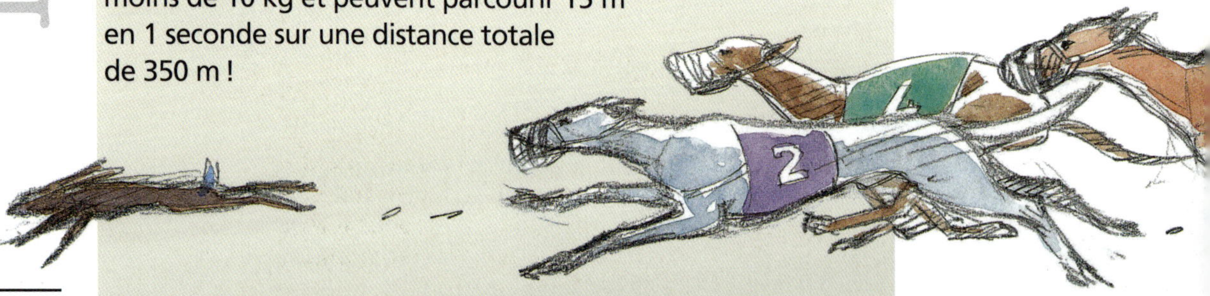

Cynodrome
Circuit de course pour chiens.

Chiens infirmiers

Les chiens d'aide aux handicapés les plus connus sont le labrador et le golden retriever. Ils sont éduqués dans des centres spécialisés pour apprendre à répondre à toutes sortes de commandes. Les chiens guides d'aveugle conduisent leur maître dans la rue et lui indiquent quand traverser ou l'aident à éviter les obstacles. Ceux des malentendants réagissent à la sonnerie du réveil ou dès que quelqu'un frappe à la porte. Les animaux confiés aux handicapés moteurs allument ou éteignent la lumière, décrochent le téléphone et rapportent des objets.

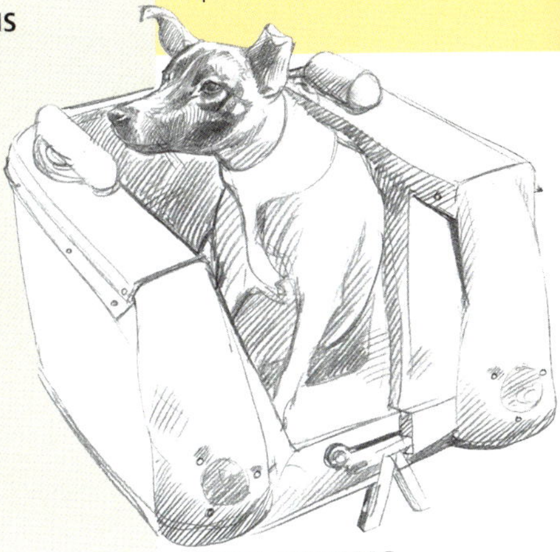

DES CHIENS DANS L'ESPACE

La première chienne envoyée dans l'espace s'appelait Laïka. Elle a été installée à bord du satellite Spoutnik II, expédié dans l'atmosphère le 3 novembre 1957. Logée dans un compartiment avec un distributeur de nourriture, elle est morte en quelques jours à cause du manque d'oxygène. Trois ans plus tard, deux autres chiennes, Belka et Strelka, sont parties à bord du satellite Spoutnik V : elles sont revenues sur Terre en parfaite santé.

Au Moyen Âge, les chiens servaient d'armes de guerre. Ils portaient une armure sur laquelle on fixait des lames d'acier pour éventrer les chevaux des armées ennemies.

Les chiens sont parfois victimes de l'homme. Ils peuvent être utilisés pour la guerre ou servir à des expériences en laboratoire.

Armes de guerre

Assyriens, Celtes, Gaulois, Égyptiens, Romains… beaucoup de peuples ont utilisé des chiens de guerre pour mettre le feu au matériel des armées ennemies ou achever les blessés. Pendant la conquête de l'Amérique du Sud, les Espagnols ont même dressé des chiens pour effrayer et attaquer les Indiens. On les appelait les *perros de sangre* (« chiens de sang », en espagnol). Pendant les deux guerres mondiales, l'armée allemande a aussi élevé des bergers allemands pour détecter les mines, transmettre des messages et chercher des soldats ensevelis sous des décombres.

Pendant l'Antiquité romaine, les dogues du Tibet combattaient dans l'arène.

Combats de chiens

Dans l'Antiquité, des bulldogs et des dogues du Tibet étaient entraînés à se battre entre eux ou contre d'autres animaux (ours, taureaux, rats, coqs, sangliers...). Partout dans le monde, des combats sanglants étaient organisés pour de l'argent. Aujourd'hui encore, en Chine, au Pakistan, en France ou en Belgique, des pitbulls sont dressés à l'attaque. Les spectateurs parient et gagnent de l'argent si l'animal qu'ils ont choisi tue son adversaire. Les défenseurs des animaux militent pour faire interdire cette pratique cruelle.

En Angleterre, au XIXe siècle, les combats entre des bulldogs et des taureaux remportèrent beaucoup de succès dans les villes.

Cobayes de laboratoire

Des chiens sont utilisés dans le cadre de la recherche scientifique pour tester de nouveaux médicaments ou expérimenter des opérations chirurgicales. Pour éviter de faire souffrir des animaux inutilement, la loi européenne oblige les laboratoires à n'utiliser des chiens que lorsque aucune autre solution n'est possible. Cependant, de nombreuses associations dénoncent ces pratiques.

Le beagle est la race de chiens la plus touchée par les expériences en laboratoire parce que la forme bien droite de ses pattes facilite les prises de sang...

DU CHIEN AU MENU

On a mangé du chien pendant la préhistoire, dans l'Antiquité romaine et même à une époque récente en Suisse, en Allemagne ou au Canada. Les Occidentaux ont aujourd'hui perdu cette habitude, mais la viande de chien est encore très appréciée en Corée, en Chine, en Nouvelle-Zélande et en Polynésie.

Pauvres chiens

Les chiens sont d'excellents animaux de compagnie. Mais quand ils gênent les hommes, leur sort n'est pas toujours enviable...

Bon débarras !

Un peu partout dans le monde, les chiens errants sont éliminés parce qu'ils font peur aux hommes ou qu'ils s'attaquent au bétail. En Inde et au Maroc, où la rage tue des milliers de personnes par an, on massacre les chiens pour qu'ils ne transmettent pas la maladie aux hommes. Les animaux sont brûlés vifs ou empoisonnés ! Toutefois, grâce à l'action de certaines associations, ils sont parfois simplement capturés pour être stérilisés puis relâchés sans qu'aucun mal ne leur soit fait.

DES RACES MENACÉES… ET PROTÉGÉES

Il existe environ 400 races de chiens. Certaines d'entre elles ont presque disparu parce qu'on les utilisait à des fonctions dont l'homme n'a aujourd'hui plus besoin. C'est le cas de nombreux chiens de berger (berger des Landes, berger des Tatras, berger américain blanc…) ou de chasse (braque italien, terrier brésilien, chien d'eau espagnol…), que certains éleveurs passionnés tentent de sauver.

Au Moyen Âge, les chiens errants étaient systématiquement massacrés par peur de la rage.

Des chiens pour les requins

Sur l'île de la Réunion, plus de 150 000 chiens abandonnés par leurs propriétaires vivent dans la rue ; ils se nourrissent en vidant les poubelles et se reproduisent sans limites. Les hommes les capturent pour les utiliser comme… appâts à requins ! Jetés à la mer avec un hameçon enfoncé dans les babines, les chiens meurent noyés ou dévorés par les squales.

Un braque italien (à gauche) et un otterhound ou chien-de-loutre (à droite) : ces deux races sont aujourd'hui menacées d'extinction.

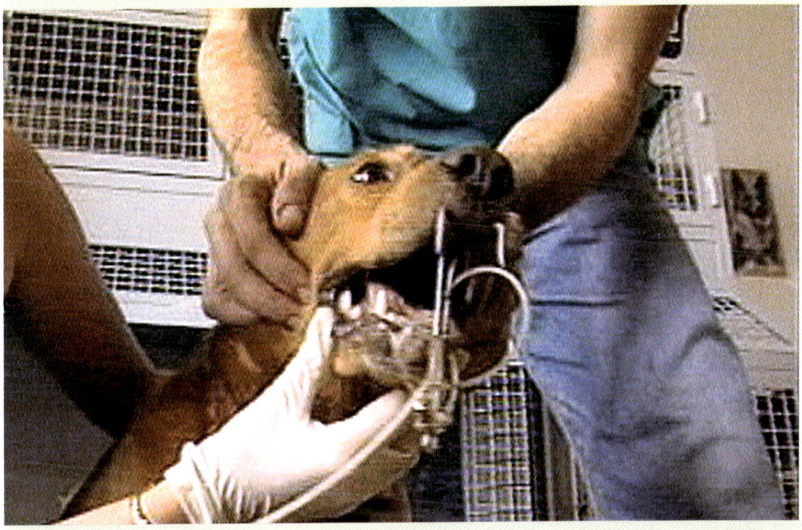

En Australie, les fermiers chassent les dingos et construisent d'immenses barrières en métal pour protéger leurs troupeaux.

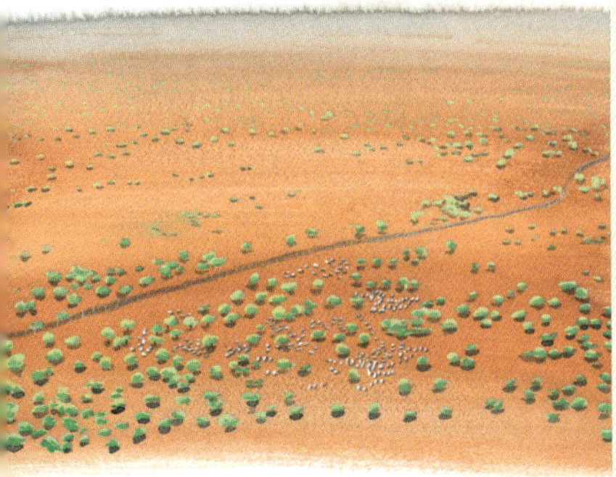

La chasse aux dingos

En Australie, le dingo est chassé par les fermiers, qui lui reprochent de s'attaquer aux troupeaux de moutons. Les hommes organisent des traques en hélicoptères et des campagnes d'empoisonnement pour éliminer les canidés en grand nombre. Leur population n'est pas pour autant menacée en Australie. Mais elle l'est en Nouvelle-Guinée, où il existe une association du chien chantant de Nouvelle-Guinée qui se bat pour faire interdire les captures de canidés.

Les métiers autour des chiens

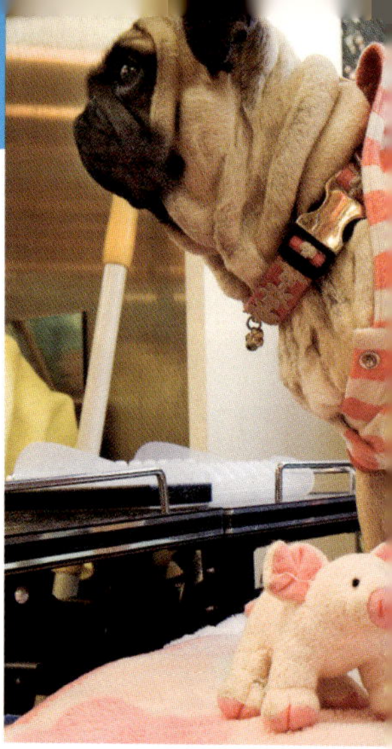

Le chien a pris tellement de place dans notre société qu'il existe aujourd'hui de nombreux métiers qui le concernent.

Vétérinaires spécialisés

Les vétérinaires exercent leur métier en ville ou à la campagne, dans des cabinets ou des cliniques. Au cours des 20 dernières années, la santé animale a fait tellement de progrès qu'il existe aujourd'hui des dentistes, des nutritionnistes et même des masseurs pour chiens !

Coiffeurs pour chiens

Les toiletteurs sont un peu des coiffeurs pour chiens. Ils travaillent à domicile, dans des salons de toilettage ou lors des expositions canines. Ils lavent, sèchent, brossent, démêlent et surtout tondent ou coupent les poils des animaux de compagnie. Il existe des concours de toilettage, où des professionnels du monde entier présentent leur savoir-faire : celui qui réalise la meilleure coupe gagne le premier prix.

NOUVEAUX SERVICES

Hôtels, pensions canines, salons de massage, crèches et même centres de loisirs, de multiples établissements proposent aux maîtres de s'occuper de leur chien en leur absence. Dans les animaleries, on vend aussi toutes sortes d'objets (friandises, manteaux, jouets, colliers, laisses…) pour les animaux de compagnie. Ces services sont très récents. Ils n'existaient pas il y a 20 ans !

Maîtres-chiens

Les maîtres-chiens dressent des chiens pour des activités très différentes suivant les régions et les besoins. Ils peuvent travailler pour la police, la gendarmerie, la douane, l'armée, les pompiers ou des sociétés de gardiennage.
Certains maîtres-chiens forment leur animal à chercher des victimes enfouies sous une avalanche ou dans des décombres ; d'autres lui enseignent comment détecter des drogues cachées dans des bagages ou poursuivre des délinquants.

Dialogues de sourds

Rien ne va plus !
Quand le chien
ne considère pas
son maître comme
le « chef de meute »,
la relation se détériore...

Quand un chien lèche la main de son maître, ce n'est pas pour se faire pardonner... mais pour affirmer son statut de dominant.

Des chiens fous ?

Stress, angoisses, peurs... les chiens domestiques développent parfois des troubles du comportement qui nous font penser qu'ils sont devenus fous. Ils peuvent être agressifs, aboyer toute la journée en l'absence de leur maître ou tout détruire dans la maison. Ces comportements sont souvent dus à des problèmes de communication avec les hommes qui les entourent : le chien fait une chose et l'homme en comprend une autre.

Comprendre pour soigner

Quand un chien domestique souffre de stress ou de crises d'angoisse, son propriétaire peut consulter un vétérinaire comportementaliste ou un éducateur canin. Ces professionnels étudient ce que l'animal ressent : grâce à des jeux et à des exercices, ils aident les maîtres à mieux comprendre le comportement de leur animal et à rétablir une bonne relation.

Porter un chien n'est pas lui rendre service : il pensera qu'il a raison d'avoir peur des autres chiens.

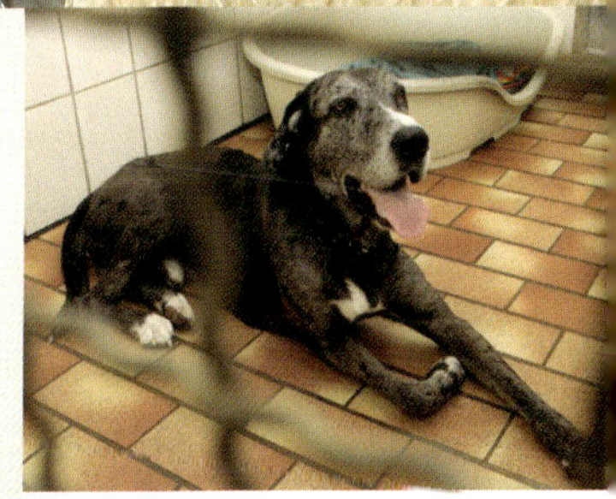

DE L'ABANDON À LA FOURRIÈRE

En France, le fait d'abandonner un animal domestique est puni de 2 ans de prison et 30 000 euros d'amende. Malgré ces mesures dissuasives, plus de 10 000 chiens sont trouvés dans la rue chaque année. Ils sont ramassés par la fourrière et euthanasiés au bout de 14 jours si personne ne les réclame.

Il était un

Rantanplan, Milou, Lassie...

il est impossible de citer tous les chiens qui peuplent notre imaginaire ! Cet animal a inspiré de très nombreux mythes et personnages célèbres. En France, un chien a même été vénéré comme un saint pendant 600 ans grâce à une simple légende. Un manuscrit du XIIIe siècle raconte l'histoire du lévrier Guinefort, accusé d'avoir tué un bébé qu'il avait défendu contre un serpent... Le chien a été exécuté avant que son maître réalise son erreur, et sa tombe est devenue un lieu de culte près de Lyon !

e fois un chien

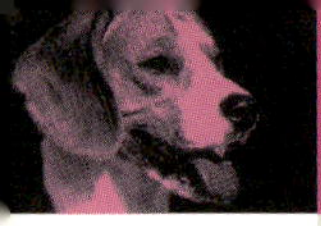

Un chien est-il toujours un chien ? Pas si sûr... Dans la langue française, ce mot peut avoir plusieurs sens.

Le chien-de-mer n'est pas un chien, mais un petit requin qui vit en Méditerranée, dans la mer du Nord et dans la Manche.

Vrais ou faux chiens ?

Certains animaux portent le nom de « chiens » alors qu'ils n'en sont pas. Les « chiens de prairie » sont des rongeurs d'Amérique. Ils doivent leur nom à leurs cris, qui ressemblent à des aboiements. Les « chiens de mer », eux, sont... des requins ! Le « chien oreillard » (ou otocyon) et le « chien des buissons » sont des cousins du chien : le premier est un renard africain avec des grandes oreilles, le second un canidé d'Amérique centrale et d'Amérique du Sud.

Malgré son nom, le chien-de-prairie n'est pas un canidé ; c'est un petit rongeur qui creuse d'immenses galeries dans les prairies d'Amérique du Nord.

UN « CHIEN CHAUD », S'IL VOUS PLAÎT !

On vendait des hot-dogs dans la rue aux États-Unis dès la fin du XIXe siècle, mais on ne savait pas trop avec quelle viande était fabriquée la saucisse. L'idée s'est répandue qu'il s'agissait de chair de teckels, des chiens importés par les Allemands qu'on appelait des « saucisses sur pattes ». Le terme de « hot-dog » s'est ensuite généralisé… même si personne n'a jamais cru sérieusement que les saucisses étaient faites avec de la viande de teckel !

« Se regarder en chiens de faïence » veut dire se regarder avec hostilité, en référence aux paires de petits chiens de céramique que l'on posait sur les cheminées au XVIe siècle… et qui semblaient se dévisager !

D'où vient l'expression « dormir en chien de fusil » ?

Sur un fusil, la partie de l'arme qui sert à déclencher le tir d'une balle s'appelle le « chien ». Cette pièce a un peu la forme d'un corps humain allongé, avec les genoux repliés sous le menton. Elle aurait donné naissance à l'expression « dormir en chien de fusil », qui signifie dormir dans cette position.

Brrr… quel temps de chien !

À l'origine, le hot-dog (« chien chaud », en anglais) s'appelait le « red hot » à cause de la moutarde forte qui accompagne ce sandwich à la saucisse.

Un « temps de chien », un « mal de chien », une « humeur de chien », un « caractère de chien », un « air de chien battu », une « vie de chien »… beaucoup d'expressions de la langue française révèlent à quel point cet animal a longtemps été traité avec mépris. « Quel(le) chien(ne) ! » est même une insulte, et « Nom d'un chien ! » un juron. Seule exception à la règle, l'expression « avoir du chien », qui signifie, pour une femme, qu'elle a de la classe !

L'expression « entre chien et loup » désigne la période où la nuit tombe. À ce moment-là, la pénombre empêche de distinguer le chien du loup…

Mythes et légendes

Il existe en Chine des êtres fabuleux, mi-chien, mi-lion, que l'on appelle les chiens Fo : dans la mythologie chinoise, ces animaux sont considérés comme les gardiens des morts.

Pendant l'Antiquité, le chien a souvent été associé à la mort. Il pouvait même être sacrifié pour être enterré avec son maître !

Gardiens de l'enfer

Dans la mythologie grecque, Cerbère était un terrible chien à 3 têtes chargé de garder la porte des Enfers. Son cou était hérissé de serpents et sa salive pleine de venin ! Sa mission ? Cerbère protégeait Hadès, le dieu des Enfers, en dévorant tous les êtres vivants qu'il rencontrait. On retrouve le même type d'histoire dans la mythologie germanique, avec un animal féroce imaginé par les Vikings : Garm, le grand chien noir gardien du royaume des Ténèbres.

Le chien Cerbère a la réputation d'être monstrueux et impitoyable. Héraclès est l'un des seuls héros à l'avoir combattu (et vaincu) en l'étouffant à mains nues.

En route vers la mort

Pour les Égyptiens, le dieu Anubis était chargé de guider les morts vers l'au-delà. Il était représenté comme un homme à tête de chien ou de chacal. Il vérifiait si les défunts étaient bien embaumés. Les Aztèques ont vénéré, eux aussi, un dieu à tête de chien : le dieu Xolotl. À la différence des Égyptiens, ils sacrifiaient des chiens pour les enterrer avec leur maître.

Messagers de l'au-delà

Dans certaines sociétés d'Afrique et d'Amérique du Nord, les chiens étaient utilisés comme messagers entre les morts et les vivants. Les Indiens iroquois sacrifiaient des chiens blancs en espérant qu'ils iraient communiquer avec les dieux, tandis que les Bantous du Zaïre les tuaient pour lire des nouvelles des défunts dans leurs entrailles.

DES HOMMES À TÊTE DE CHIEN ?

Au Moyen Âge, de nombreux récits décrivent des êtres fantastiques, comme les sirènes, les dragons ou les licornes, sans préciser qu'il s'agissait de créatures imaginaires. Publié au XIIIe siècle, le *Livre des merveilles* de l'explorateur Marco Polo est l'un des plus célèbres du genre. Il décrit les indigènes des îles Andaman, dans l'océan Indien, comme des « hommes à tête de chien » : des « cannibales, qui vivent nus et communiquent entre eux par des aboiements ».

Le mot cynocéphale vient du grec kuonos, *qui signifie chien,* et képhalé, *tête. Il désigne les hommes à tête de chien décrits par l'explorateur Marco Polo.*

En Afrique, le chien est considéré comme l'un des animaux les plus sages. Résultat ? Il a souvent le beau rôle.

Le chien, plus sage que le coq, le cheval ou le bouc !

Une histoire sénégalaise explique pourquoi le chien est le plus sage des animaux. On dit là-bas qu'un homme vivait dans un village près de sa mère, avec un chien, un coq, un cheval et un bouc. Un jour, en son absence, il confie sa maison à son chien. Pendant que l'animal monte la garde, deux lézards se disputent dans la case de la mère, qui dort près d'une lampe à huile. Les reptiles peuvent mettre le feu à la maison si personne ne les sépare… Le chien demande donc de l'aide aux autres animaux : aucun n'accepte d'intervenir, et les lézards finissent par provoquer un incendie en renversant la lampe à huile ! À la fin de l'histoire, le coq, le cheval et le bouc sont punis de leur paresse. Le coq est tué pour tenter – trop tard – de soigner la mère brûlée par les flammes, en utilisant ses entrailles comme médicament. Le cheval, parti au galop chercher de l'aide, meurt d'épuisement en chemin. Et comme la mère décède des suites de ses brûlures, le bouc est-il sacrifié en son honneur. Moralité ? Tout se serait bien terminé si le coq, le cheval et le bouc avaient écouté le chien dès le début !

Pourquoi chiens et chats se détestent-ils ?

En Algérie, les Berbères racontent que les chats et les chiens partageaient tout, jusqu'au jour où un chat a fait une farce à son copain le chien... Alors qu'ils avaient l'habitude d'aller manger chez l'un, puis chez l'autre, le matou a fermé la porte de sa maison avant de partir. Quand il y est revenu avec son ami, il a proposé au chien de passer par la chatière. « Impossible, lui a répondu le chien, assis sur son derrière. Je suis beaucoup trop gros ! — Alors, tant pis pour toi ! a dit le chat en se faufilant à l'intérieur de la maison. — La prochaine fois, c'est toi que je mangerai ! » s'est écrié le chien, furieux. Depuis ce jour, ils ne se sont jamais réconciliés ! En les voyant se disputer, tous les chiens se sont mis à courir après les chats, qui s'enfuient dès qu'ils les voient...

Plusieurs histoires expliquent à leur façon l'origine des conflits entre chiens et chats.

En Amérique du Sud, le chien est lié à la mort, alors qu'en Amérique du Nord il est à l'origine de la vie !

La vengeance des chiens

Les Indiens letuamas vivent très loin d'ici, dans la forêt d'Amazonie. Ils pensent que l'âme de chaque homme qui vient de mourir voyage vers un monde inconnu des vivants pour rejoindre une grande maison dans le ciel. L'âme part toujours tôt le matin. Elle monte un escalier qu'aucun être humain ne peut voir tant qu'il est encore en vie.
En arrivant dans l'autre monde, l'âme traverse une forêt. Puis elle arrive à une petite mare. Là, elle monte sur une pirogue qui l'emporte vers le ciel, où se trouve la grande maison. Devant l'entrée, elle rencontre un chien. Après ce long voyage, l'âme a souvent très faim et très soif.
Mais c'est au chien de décider si elle a le droit de boire et de manger avant d'entrer dans la grande maison : tout dépend de la façon dont la personne s'est comportée avec les chiens quand elle était encore en vie. Seules les âmes des humains qui ont été bons avec eux pourront reprendre des forces. Les autres arriveront au ciel épuisées.

Le chien à l'origine de l'humanité

Au Groenland, un conte inuit raconte que, il y a très longtemps, il n'y avait pas d'êtres humains sur terre. La planète était peuplée de végétaux, d'animaux et d'une seule femme. Comme les hommes n'existaient pas encore, celle-ci s'était mariée avec le plus puissant des chiens : c'était un animal sage, grand, fort et magnifique. Peu de temps après leur union, elle donna naissance à des enfants et à des chiots. Des années plus tard, ils engendrèrent à leur tour différents peuples du monde. Les uns devinrent des Blancs ; d'autres, ailleurs, des Indiens ; d'autres encore des Esquimaux.

Le chien a inspiré de nombreux personnages de romans ou de dessins animés. Certains sont fidèles, attachants et courageux ; d'autres sont franchement terrifiants.

Argos, le chien fidèle

Au VIIIe siècle avant Jésus-Christ, le poète grec Homère raconte dans *L'Odyssée* le retour d'Ulysse chez lui après dix ans d'absence. Personne ne le reconnaît sous son déguisement de mendiant. Personne, sauf… son vieux chien Argos. Trop faible pour se lever, l'animal remue la queue dès qu'il voit son maître et meurt tout de suite après ces retrouvailles, comme s'il avait attendu ce moment pendant des années.

Le chien des Baskerville, tueur de l'ombre

« C'était un chien […] énorme, noir comme du charbon […]. Du feu s'échappait de sa gueule ouverte ; ses yeux jetaient de la braise… » Le roman d'Arthur Conan Doyle, *Le Chien des Baskerville* (1902), décrit un chien terrifiant ! Il raconte comment les héritiers d'une même famille sont tués par une bête monstrueuse… Jusqu'à ce que le détective Sherlock Holmes découvre la vérité : le chien tueur est déguisé et dressé par un assassin qui cherche à hériter à la place de ses victimes !

Croc-Blanc, le chien sauvage

Croc-Blanc est un roman de Jack London (1906) qui raconte comment un animal mi-chien, mi-loup apprend à vivre avec les hommes. Croc-Blanc a été élevé dans la nature par sa mère louve. Il est capturé et doit se plier aux conditions de vie très dures des chiens de traîneau dans le Grand Nord. Puis il devient chien de combat. Son dernier maître est le seul homme qui le traite avec bonté, mais il est assassiné. Ses instincts reprennent alors le dessus, et Croc-Blanc repart vivre au sein d'une meute de loups, loin des humains…

L'histoire de Balto est si connue aux États-Unis que ce chien a sa statue dans Central Park, à New York.

Balto, le chien héroïque

Le dessin animé *Balto* (1995) est inspiré d'une histoire vraie. Il raconte comment un chien de traîneau a sauvé des enfants d'une épidémie de diphtérie. En 1925, la maladie se déclare dans un village isolé d'Alaska. Des vaccins sont envoyés dans la ville la plus proche, mais aucun avion ne peut braver la tempête de neige pour aller les distribuer. C'est un attelage de chiens qui va chercher les médicaments. À sa tête se trouve Balto : ce chien héroïque résiste au froid et à la fatigue d'un très dur voyage pour rapporter les vaccins !

Les deux font la paire

Dans les histoires, le chien est souvent associé à un chat ou à un homme. Ensemble, ils forment des duos célèbres !

Fidèle et courageux, Milou est capable de tout pour sauver Tintin. Il n'a qu'un défaut : sa gourmandise. Il a une petite faiblesse pour les os et… le whisky, qu'il partage souvent avec le capitaine Haddock.

Encore là, ce chat ?

Les disputes entre chiens et chats ont inspiré de nombreux personnages de bandes dessinées. La truffe coincée sous la porte, le poil trempé, le derrière en feu… c'est toujours le chien qui est victime du chat ! Pif le chien, créé par José Cabrero Arnal en 1948, est un héros courageux et honnête, mais il doit se méfier d'Hercule, le chat bagarreur, qui porte éternellement un pansement sur le museau… Inventé par Dupa (1968), Cubitus est un gros chien blanc, glouton et sympathique. Il cohabite difficilement avec son voisin le chat Sénéchal…
Quant à Odie, le chien imaginé par Jim Davis (1978), il vit sous le même toit que Garfield, un chat goinfre, égoïste… et bien plus malin que lui !

Mon chien, ce héros

Les chiens de cinéma sont souvent des héros dont le maître est un petit garçon. L'enfant développe une relation très complice avec son animal, qui le protège en toutes circonstances et le sauve quelquefois. Trois grandes séries télévisées mettent en scène des chiens : « Lassie chien fidèle » (1943), « Rintintin et Rusty » (1954) et « Belle et Sébastien » (1965).

Dans « Lassie chien fidèle », tous les chiens utilisés pour jouer le rôle de Lassie étaient des mâles, parce qu'ils avaient un pelage plus fourni que celui des femelles. Mais, chut… c'est un secret de tournage !

Tel chien, tel maître

Tintin et Milou (1929), Boule et Bill (1959), Sammy et Scoubidou (1969), Wallace et Gromit (1989), certains chiens sont indissociables de leur maître ! Scoubidou est aussi peureux que Sammy. Milou suit Tintin dans toutes ses enquêtes policières. Boule et Bill multiplient les jeux et les gags à la maison comme à l'extérieur. Tandis que le génial inventeur Wallace et son chien Gromit partagent toutes sortes d'aventures.

Wallace et Gromit.

UN CHIEN… ET SON CONTRAIRE

Certains duos (ou trios) sont célèbres pour leurs différences. Idéfix est aussi petit et futé que son maître Obélix est gros, grand, fort et… stupide. Rantanplan, le chien le plus bête de l'Ouest, est d'autant plus drôle qu'il est l'ami de Lucky Luke, le cow-boy le plus habile de l'histoire de la bande dessinée !

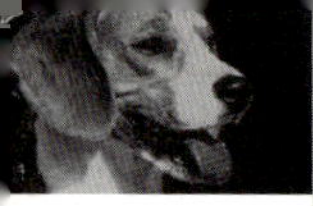

Pour en savoir plus

SCC (Société centrale canine)
155, avenue Jean-Jaurès
93535 Aubervilliers
Tél. : 01 49 37 54 00
www.scc.asso.fr

AFIRAC (Association française d'information et de recherches sur l'animal de compagnie)
32, rue de Trévise
75009 Paris
Tél. : 01 56 03 12 00
www.afirac.org

Des livres

Jean-François et Marie-José Courreau, *Des Chiens des champs*, Gulf Stream, 2003.
Christel Mattei, *100 chiens de légende*, Solar, 2001.
Serge et Dominique Simon, *Copain des chiens*, Milan, 2000.

Remerciements

Remerciements à Sylvie Baussier, Philippe J. Dubois et Caroline Fléchelle pour leur confiance respective, et à Ludovic Maes, chercheur au Muséum national d'histoire naturelle.

À Jules et Marius.

Dépôt légal : septembre 2008
ISBN : 978-2-603-01575-9
Préparation : Mariane Becker
Correction : Michèle Alfonsi
Conception graphique : Philippe Abellard (Etik-Presse)
Maquette : Françoise Pham
Conforme à la loi 49-956 du 16 juillet 1949 sur les publications destinées à la jeunesse.

Achevé d'imprimer en août 2008 sur les presses de IME à Baume-les-Dames, France.

Crédits photographiques

h : haut ; b : bas ; g : gauche ; d : droite ; c : centre

Aardman/Wallace & Gromit Ltd 1993 : 63 (b).

Biosphoto : Brinkmann B. : 45 (h) ; Edwards M./Still Picture : 58-59 (h) ; Ferrero J.-P. : 7 (b) ; Grenet M. et Soumillard A. : 21 (b), 41 ; Gunther M. : 46-47 (h) ; Heacox K./Peter A. : 61 ; Klein J.-L. et Hubert L.-M : 4, 6-7 (h), 8, 11, 32, 33, 36, 43 (b), 44 ; Labat J.-M. : 29 ; Labat J.-M. et Roquette F. : 21 (h), 34, 49 (h) ; M. & C. Photography/Peter A. : 52 (b) ; Muller F. : 16-17 ; Rocher P. : 22 ; Ruoso C. : 30 ; Simeonidis D. : 52 (h) ; Wells B. & B. : 24-25 (h).

Cogis : Français : 50 ; Gehlhar : 2, 3, 31 (hg), 57 ; Grossemy V. : 9, 14, 39 (d) ; Hermeline : 18 (h); Labat : 54-55 (h) ; Rocher : 13.

Éditions Albert René/Goscinny-Uderzo 2008 : 63 (hd).

Hergé/Moulinsart 2008 : 62-63 (h).

RFO-30 Millions d'Amis : 45 (b). Visuel extrait d'une séquence filmée par RFO intégrée au sujet sur les chiens appâts de l'île de la Réunion diffusée dans l'émission 30 millions d'Amis (le 3 avril 2005).

Sunset : Alaska Stock : 38-39 (g) ; Buena Media Plus : 10 (g et d) ; First Light : 15 ; FLPA : 25 (b); Image Broker : couv (4e d), 12 (b), 49 (b), 55 (d) ; Juniors Bildarchiv : couv (2e d), 6 (hg, chacal), 11 (h), 12 (h), 18 (b), 20, 43 (h), 46 (c) ; Lacz G. : couv (1 et 3^{e} d) ; 6 (hg, coyote), 37 ; Martin G. : 26 ; NHPA : 46 (b), 59 (b) ; Rex Interstock : 31 (hd) ; Ribet/Wallis : 56.